Praise for

La mariposa de Jackeline / Jackeline's Butterfly

Since her first book *Conjuro* in 2012, Xánath Caraza continues her ambitious bilingual publications with a book-length poem, *La mariposa de Jackeline / Jackeline's Butterfly*. Spanish and English link in her books, complementary, as she bridges experiences of those who wander and those who find rest, sometimes in death. This prize-winning author illuminates the tragedy of a seven-year-old Guatemalan girl who died in custody of the United States border officials. The sequence of poems, a tour-de-force, follows Jackeline Caal on her fictionalized journey from the tropics to New Mexico. Caraza's lush language describes interplay of sky, sun, seas, and earth, as the girl journeys through beauty. At death, the poet writes, "You depart full of poetry, Mayan girl. / Your huipil embroidered with blue butterflies. / Your motionless hands loaded with golden memories." Her soul, freed like a butterfly, finds immortality in her store of memories. This book is essential reading. It celebrates how each individual carries within the fire of eternity.

— **Denise Low**, Kansas Poet Laureate,
Red Mountain Press prize winner

Desde su primer libro *Conjuro* en 2012, Xánath Caraza continúa sus ambiciosas publicaciones bilingües con un poema de la extensión de un libro, *La mariposa de Jackeline / Jackeline's Butterfly*. el español y el inglés se conectan en sus libros, complementándose, mientras ella enlaza experiencias de aquellos que deambulan y de los que encuentran descanso, algunas veces en la muerte. Esta autora galardonada ilumina la tragedia de una niña guatemalteca de siete años en custodia de los oficiales fronterizos de los Estados Unidos. La secuencia de los poemas, un tour-de-force, sigue a Jackeline Caal en su viaje ficcional desde los trópicos hasta Nuevo México. El lenguaje exuberante de Caraza describe la interacción del cielo, el sol, los mares y la tierra, mientras la niña se desplaza entre la belleza. Al morir, la poeta escribe, "Vas llena de poesía, niña maya / Tu huipil bordado de mariposas azules. / Tus manitas quietas cargadas de dorados recuerdos." Su alma, liberada como una mariposa, encuentra inmortalidad en su baúl de recuerdos. Este poemario es una lectura esencial. Celebra cómo cada individuo lleva consigo el fuego de la eternidad.

— **Denise Low**, Poeta Laureada de Kansas,
Ganadora del Premio Red Mountain Press

La mariposa de Jackeline
Jackeline's Butterfly

FLOWERSONG
PRESS

by
Xánath Caraza

Translated by
Sandra Kingery, Hanna Cherres, and Aaron Willsea

FLOWERSONG
PRESS

FlowerSong Press
Copyright © 2022 by Xánath Caraza
Copyright © Sandra Kingery, English Translation
Copyright © Mariana Ramírez Cano,
Imagen de portada. Título de la imagen *Mariposa*.
ISBN: 978-1-953447-11-1
Library of Congress Control Number: 2022934928

Published by FlowerSong Press
in the United States of America.
www.flowersongpress.com

Cover Design by Priscilla Celina Suarez
Set in Adobe Garamond Pro

NOTICE: SCHOOLS AND BUSINESSES
FlowerSong Press offers copies of this book at quantity discount with bulk
purchase for educational, business, or sales promotional use. For information,
please email the Publisher at info@flowersongpress.com.

Este trabajo fue apoyado en parte por el George B. Gaul Endowed
Student-Faculty Research Program de Lycoming College.

This work was supported in part by the George B. Gaul Endowed
Student-Faculty Research Program of Lycoming College

Para Jackeline Caal
For Jackeline Caal

Índice / Contents

Nota de traductora para
La mariposa de Jackeline

No pude haber pedido mejores compañeros de traducción para este proyecto que mis dos cotraductores: Hanna Cherres (Lycoming College '22) y Aaron Willsea (Lycoming College '20). Los tres trabajamos muy bien juntos, comenzando con nuestras traducciones individuales de los poemas y después comparando y contrastando nuestras ideas, llegamos frecuentemente a una solución diferente que ninguno de nosotros había originalmente contemplado. El proceso de aportación de posibles ideas para la traducción que hicimos juntos, la lectura de los poemas en voz alta una y otra vez, la valoración de los pros y contras de cada solución potencial para complicados dilemas de la traducción fue realmente satisfactorio.

La Mariposa de Jackeline celebra y conmemora la vida de Jackeline Caal, la niña de siete años que murió cuando estaba bajo la custodia de US Customs and Border Protection (CBP) el 8 de diciembre de 2018. Jackeline y su padre, Nery Caal, eran parte de un grupo de 163 buscadores de asilo que cruzaron la frontera de Nuevo México el día anterior. Se entregaron a las autoridades alrededor de las 10 p.m. pero cuando Jackeline comenzó a vomitar y a tener convulsiones, pasaron noventa minutos antes de que ella recibiera ayuda médica profesional. Los doctores registraron una temperatura corporal de 40.9° C. Jackeline fue trasladada al hospital infantil en El Paso, Texas pero ya era demasiado tarde para salvarla. La Presidenta de la Academia Americana de Pediatría dijo que está trágica muerte era "prevenible".

En esta colección de amplio registro, Xánath Caraza apela a la naturaleza y a los dioses (tanto griegos como mesoamericanos) a ser testigos de la muerte sin sentido de Jackeline y otros niños quienes "Uno a uno… / mueren en soledad". Se debe poner atención a los horrores que están sucediendo: "Luna roja: sé testigo / de esta tragedia. /Aves nocturnas: / despierten del sueño / y arrecien el vuelo. / Dejen de planear / con el viento.

/Agiten sus alas, / dominen el cielo, / esparzan las nuevas."

Los poemas finales se dirigen directamente a Jackeline y celebran a la niña de siete años quien tuvo la fuerza y audacia de viajar 2000 millas en busca de una vida mejor. El recuerdo de Jackeline es honrado: "Vas llena de poesía, niña maya. / Tu huipil bordado de mariposas azules. / Tus manitas quietas cargadas de dorados recuerdos. / Tus ojitos cerrados todavía tienen frío. / Flor y canto eres, niña hermosa." El horror de esta pérdida es mitigado solamente por la mariposa que continúa revoloteando sus alas, representando la esperanza y la inocencia de la niñez. Edward Lorenz se pregunta si un solo aleteo de la mariposa en una parte del mundo pudiera conducir a un tornado en otra. Por otro lado, aquí, es esperado que el aleteo de esta mariposa guíe al renacimiento de la compasión y el interés por los más vulnerables entre nosotros.

Este trabajo fue apoyado en parte por el George B. Gaul Endowed Student-Faculty Research Program. Estoy agradecida por el apoyo de Lycoming College.

— **Sandra Kingery**

Translator's Note for
Jackeline's Butterfly

I could not have asked for better translation partners for this project than my two co-translators: Hanna Cherres (Lycoming College '22) and Aaron Willsea (Lycoming College '20). The three of us worked very well together, beginning with our individual translations of the poems, and then comparing and contrasting our ideas, often landing on a new solution that none of us had originally come up with. The process of brainstorming translation possibilities together, reading the poems aloud over and over again, and weighing the pros and cons of each potential solution to thorny translation dilemmas was enormously fulfilling.

Jackeline's Butterfly honors and commemorates the life of Jackeline Caal, the seven-year-old Guatemalan girl who died while in the custody of US Customs and Border Protection (CBP) on December 8, 2018. Jackeline and her father, Nery Caal, were part of a group of 163 asylum-seekers who crossed the New Mexican border the previous day. They turned themselves in to the authorities at around 10 PM, but when Jackeline began to vomit and have seizures, it took 90 minutes before she was seen by medical professionals. The doctors recorded a body temperature of 105.7° F. Jackeline was transported to the children's hospital in El Paso, Texas, but it was too late to save her. The President of the American Academy of Pediatrics called this tragic death "preventable."

In this wide-ranging collection, Xánath Caraza calls upon nature and the gods (both ancient Greek and Mesoamerican) to witness the senseless death of Jackeline and other children who "One by one ... / die alone." Attention must be paid to the horrors that are taking place: "Red moon: bear witness / to this tragedy. / Nocturnal birds: / wake from your slumber / and strengthen your flight. / Stop gliding / with the wind. / Flap your wings, / dominate the skies, / spread the news."

The final poems address Jackeline directly and celebrate the seven-year-old child who had the strength and audacity to travel over 2000 miles in search of a better life. Jackeline's memory is honored: "You depart full of poetry, Mayan girl. / Your huipil embroidered with blue butterflies. / Your motionless hands loaded with golden memories. / Your closed eyes still cold. / You are flower and song, beautiful girl." The horror of this loss is mitigated only by the butterfly that continues to flutter about, representing hope and the innocence of childhood. Edward Lorenz asked whether a single flap of a butterfly's wings in one part of the world might lead to a tornado in another. Here's hoping that the fluttering of this butterfly leads, instead, to a rebirth of compassion and concern for the most vulnerable among us.

This work was supported in part by the George B. Gaul Endowed Student-Faculty Research Program. I am grateful to Lycoming College for the support.

— **Sandra Kingery**

La mariposa de Jackeline
Jackeline's Butterfly

1.

Revolotea la mariposa
del cuaderno de Jackeline Caal.

Dorado y azul en
sus alas de seda.

La inquietud llena
los espacios en blanco.

¿Qué es la felicidad?

¿Estar con los
seres que amas?

Selvática seguridad.

Lejos del inclemente
frío que congela
la esperanza
que Pandora
olvidó en el fondo
de un frasco de miel.

Camina la felicidad
sin preocupación
alguna, sin límites
de tiempo y espacio.

Una araña distrae
su inocente andar
y la música en
el aire suena como
en la lejana niñez.

1.

The butterfly in Jackeline Caal's notebook
flutters about.

Blue and gold on
its silk wings.

Restlessness fills
the blank spaces.

What is happiness?

Being with
the ones you love?

The security of the rainforest.

Far from the merciless
cold that freezes
the hope
which Pandora abandoned
at the bottom
of a honeypot.

Happiness walks
without a single worry,
without limits
of time or space.

A spider distracts it
along its innocent walk
and the music in
the air resounds as it did
in distant childhood.

2.

Desde el pasado llega,
se percha
ante la incertidumbre.

Silenciosa ave matutina
de plumajes de obsidiana
y cielo gris.

Hay anhelos extraviados
en las páginas blancas.

Baila para llamar
la atención,
pide un poco de pan.

Los recuerdos arrullan
con amoroso aroma.

Entre las ramas
metálicas trina
la felicidad.

2.

From the past it arrives
and perches
before uncertainty.

Silent bird of the morning
with obsidian plumage
and gray skies.

Desires are lost
on the blank pages.

It dances to attract
attention,
begging for a bit of bread.

Memories lull me
with the fragrance of love.

Among metallic branches,
it coos
happiness.

3.

Sonsonete de fiera brava
emite el minúsculo colibrí.

Entierra su pico
en las corolas blancas.

Agitado aleteo,
la iridiscente cabeza
se dirige al viento.

Una efímera danza,
una ruta veloz,
sólo su frágil
rastro queda.

3.

The tiny hummingbird unleashes
the relentless rhythm of a ferocious beast.

It buries its beak
into white corollas.

Frenzied wingbeat,
the iridescent head
turns toward the wind.

An ephemeral dance,
a rapid retreat,
leaving only
its fragile trace.

4.

¿Qué es la felicidad?

¿Caminar en las calles angostas
que llevan al parque
de la niñez entre la niebla?

¿Recordar una sonrisa
inquieta que
anhela llegar?

Niña,

sueño en la niebla,

mar en la tormenta,

corre sin preocupación.

Los rayos de sol se
agitan en las ramas.

Santuario fugaz.

4.

What is happiness?

Walking amidst the fog
along narrow streets
that lead to the playground.

Recalling
a restless smile
longing to arrive?

Little girl,

a dream in the fog,

the sea in a storm,

run without fear.

Rays of sunlight
rustle in the branches.

Fleeting sanctuary.

5.

Las lágrimas brotan
por todo lo perdido,
lo no alcanzado,
lo no merecido.

Lo que fue arrebatado.

Andar cauteloso.

Una niña se desprende
del vientre y
camina sin dolor.

5.

Tears emerge
for all that is lost,
all not achieved,
all not deserved.

All that was snatched away.

Cautious movement.

A little girl frees herself
from the womb and
walks without pain.

6.

Todo es mar
sin orilla
en este día que comienza.

La luz dorada
del amanecer rompe
la densa niebla
y la oscuridad.

Las constelaciones
se desvanecen y
una lluvia ambarina
penetra la noche.

Las manos escriben.

Derrotan los miedos
nocturnos
al expulsarlos
al escribirlos en
la nacarada superficie.

Las manos los entierran
en el subsuelo
creado por la tinta
y el papel.

Se minimizan al
despuntar del día.

Temores antiguos,
lumbre ancestral.

6.

Everything is sea
without shore
on this newly emerging day.

The golden light
of dawn rends
the dense fog
and darkness.

The constellations
dissipate and
an amber-colored rain
pierces the night.

My hands write.

They defeat
nocturnal fears
by expelling them,
by writing them on
the nacre surface.

My hands bury them
in the subsoil
forged by ink
and paper.

They shrink
as day breaks.

Ancient fears,
ancestral fire.

7.

La luz crepuscular
se apodera del día.

Hécate en los nocturnos pensamientos.

La incertidumbre abraza,
subjuntivo de azogue.

Mitológicos miedos.

Se hunden en un mar
de aguas plúmbeas,

entrelazados con
el hambre de vivir.

7.

Crepuscular light
overwhelms the day.

Hecate in my nocturnal thoughts.

The embrace of uncertainty,
quicksilver subjunctive.

Mythological fears.

They sink into a sea
of leaden waters,

entwined with
the hunger to live.

8.

Una sierpe de fuego
penetra la superficie
ensortijada por el rocío.

Una delicada niebla
inunda el pasto donde
los pies se entierran.

Efímero sentir.

Fugaz respiración que
se expande en las células
del cuerpo.

Felicidad, derrite
la escarchada
soledad.

8.

A serpent of fire
breaches the surface
bejeweled by the morning dew.

A delicate fog
floods the pasture where
her feet are buried.

Ephemeral feeling.

Fleeting breath that
expands in the cells
of her body.

Happiness: thaw
this frosty
solitude.

9.

Ya se llena de dorado la noche,
suspiramos recuerdos.

La oscuridad se esfuma:
un gato ansioso maúlla
a los últimos hilos de estrellas.

Sonidos matutinos:
una cuchara cae
en la cocina.

Afuera:
los tambores marchan
en la pavimentada memoria.

Adolescencia extraviada:
un primer beso
muerde los labios.

El sol avanza:
nos estremecemos al sentirlo
desplazarse en el pecho.

9.

The night fills with golden color,
we exhale sighs of memories.

Darkness vanishes:
an energetic cat meows
at the last threads of the stars.

Sounds of morning:
a spoon clatters
in the kitchen.

Outside:
the drums march
upon paved memory.

Wayward adolescence:
a first kiss
bites at the lips.

The sun advances:
we tremble as we feel it
move in our chests.

10.

Con sus dorados pinceles
el sol pinta
las copas de los pinos,
hayas y liquidámbares
mientras el viento
hace danzar las hojas como
mariposas en picada.

Los pasos se llenan de viento
y canto de aves matutinas.

La larga cabellera
es interrumpida
por una ráfaga helada.

Los alborotados pensamientos
buscan hilos de agua
en las fuentes de piedra volcánica.

Las ranas croan y guían
los pasos entre los árboles
de troncos blancos.

10.

With its golden brushstrokes,
the sun paints
the canopy of pine, beech,
and sweetgum trees
while the wind
wills the leaves to dance like
swooping butterflies.

Her steps are filled with wind
and the songs of morning birds.

Her long head of hair
is interrupted
by an icy blast of wind.

Her unsettled thoughts
seek threads of water
in streams of volcanic rock.

The frogs croak and guide
her steps between
white-trunked trees.

11.

La presencia del viento se anuncia
con la vibración de las hojas.

¿Es que algún día la soledad
estará acompañada?

Recuerdo a aquellos que
me dejaron pensando que
podrían vivir sin mí.

Entono el canto sagrado,
los pasos se fortalecen,
las hojas guían
la soledad continúa.

No invoca al llanto,
divina compañera,
creación en las manos,
brindas.

11.

The wind announces its presence
by the rustling of the leaves.

Will loneliness
be accompanied some day?

I remember those
who left me, thinking
they could live without me.

I intone the sacred song,
my steps are strengthened,
the leaves guide me
loneliness continues.

It does not invoke tears,
divine companion,
creation in your hands,
you provide.

12.

Con el crepúsculo lanzan
sus graznidos los loros salvajes.

Una pared de hiedra
llena las pupilas.

Las telarañas se alertan,
vibran con el atardecer

para atrapar las ideas
del pasado.

Las envuelven con seda,
para deshacer y succionar
lo que pudo haber sido.

Iridiscente trampa,
agita los deseos mortales
y encadénalos.

12.

As twilight descends,
the wild parrots begin squawking.

A wall of ivy
fills the gaze.

Spiderwebs give warning,
they vibrate with the growing darkness

entrapping ideas
of the past.

They wrap them with silk,
to undo and suck out
what could have been.

Iridescent trap:
arouse the deadly desires
and shackle them.

13.

En la cabellera la niña lleva
la luz y el olvido
en una misma trenza.

De su pensamiento brota
la orquídea de vainilla
que transforma el papel
en delicadas páginas.

Exuberante aroma,
ancestrales tejidos
de la memoria.

La luz del fondo de la calle
como trampa luminosa.

Busca el calor del hogar
perdido en la niñez rota.

Fracturada memoria:
el dolor vive
mientras crea.

13.

The little girl carries
light and oblivion
on a single braid of hair.

From her thoughts
sprout the vanilla orchids
that transform the paper
into delicate pages.

Exuberant aroma,
ancestral weavings
from her memory.

The light at the end of the street
like a luminous trap.

She seeks the warmth of the home
lost in a broken childhood.

Fractured memory:
the pain lives
while she creates.

14.

Las nereidas emergen del pozo.
Hijas de subterráneas corrientes.

Manantial secreto donde
el tiempo se vuelve agua.

La fuerza lacustre cubre
las manos que escriben.

La felicidad se ahoga
con el fragor acuático
y el pozo se llena de niebla
que impide ver la melancolía.

Extienden sus cabelleras
enmohecidas por los años.

Llevan enredados caracoles
y cangrejos de la luna.

Una agonizante voz
gime desde el fondo.

14.

The nereids emerge from the well.
Daughters of subterranean currents.

Secret natural spring where
time becomes water.

Lacustrine force covers
these hands that write.

Happiness is drowned
by the aquatic clamor
and the well fills with mist
that blocks our view of sadness.

They extend their long hair,
made moldy by the years.

Tangled within it
are ghost crabs and snails.

A voice of one doomed
howls from the depths.

15.

Ruge, solitaria palabra,
deja preñada las almas errantes.

Las nubes se oscurecen
al sentirla vibrar.

Sonoridades húmedas:
la palabra se plasma
en la atmósfera,
las piedras volcánicas
se derriten.

Se transforman en
lo que una vez fueron:
magma del centro
del planeta.

Se forja el verbo
con la fuerza de la tierra.
Se traga la palabra que
aún resplandece.

15.

Roar, solitary word,
impregnate the itinerant souls.

The clouds darken
with the word's vibrations.

Humid sounds:
the word is expressed
in the air,
volcanic rocks
melt.

They are transformed into
what they once were:
magma from the center
of the planet.

The verb is forged
with the strength of the earth.
The word that still radiates
is ingested.

16.

Cronos lo devora todo.

Engancha sombras
con silentes gemidos.

Las arroja al peñasco
del tiempo.

Caen, una a una, encadenadas
con los ojos abiertos y
frío en las células
que se transforman
en brillantes escamas.

Nos reconstruimos
con lágrimas escurriéndose
por las mejillas.

16.

Kronos devours everything.

He captures shadows
with silent moans and

hurls them toward the pinnacle
of time.

Chained, one by one they fall
with open eyes and
coldness in their cells
which transform
into brilliant scales.

We build ourselves anew
with teardrops trickling down
our cheeks.

17.

Las rutas de las fluorescencias
salvajes son invisibles
a los ojos que no se detienen.

Aquellos que no distinguen
la luz, que están sumidos
en la melancolía,
rompen la felicidad
en minúsculos suspiros.

Algunos encuentran
un inesperado sendero de luz.

El intoxicante resplandor
invita a la calma fugaz.

El aroma a vainilla
devuelve la vida,
fractura la indiferencia.

¡Indomable esencia!

17.

The routes of wild fluorescence
are invisible to eyes
that never cease to roam.

That fail to discern
the light, that are immersed
in melancholy,
that break happiness
into minuscule sighs.

Some discover
an unexpected trail of light.

The intoxicating radiance
invites a fleeting serenity.

The scent of vanilla
returns life,
it fractures the indifference.

Indomitable essence!

18.

La mano sigue escribiéndole
a la noche que termina y
en las calles empedradas
camina la esperanza.

No somos sueño,
somos palabra
que nace de los labios
hasta hoy sellados.

Agua salada en las venas.

Las pérdidas materiales
nos rodean,
la inexperiencia se equivoca.

No todo está lleno de suplicios.

El volcán luminoso expulsa
el dolor de la gente.

Explota para quemar
la piel de los poetas.

La enciende y entonces
escribimos flamígeros
versos.

18.

My hand continues writing
to the night that is ending and,
on cobblestone streets,
hope walks.

We are not a dream,
we are the words
born from lips
sealed until today.

Salt water in our veins.

Tangible losses
surround us,
inexperience errs.

Not everything is full of nightmares.

The luminous volcano expels
the pain of the people.

It erupts to burn
the skin of the poets.

Their skin ignites
and we write searing
verses.

19.

Las palabras poderosas
serán conjuradas.

Entonaremos las cuerdas
del futuro para
predecir la suerte.

Brilla como siempre,
luna
en el ocaso
y trae más poesía
para la gente.

19.

Powerful poetry
will be conjured.

We will strum the strings
of the future to
predict destiny.

Shine as always,
moon,
in the twilight
and bring more verses
for the masses.

20.

Somos sueño en
nuestro propio sueño.

Llanto de nuestra
propia agua.

Temblores que
desgarran
las cimas
más altas.

Crepúsculo dorado
en un laberinto
de emociones.

Ira de fuego
tragada por
el tiempo.

Murmullo entre
las calles de
inexistentes ciudades.
Somos cielo nocturno
en campo abierto
sin estrellas.

Fuimos tragedia leída
en las caracolas
echadas sobre
la mesa.

Una a una cayó al suelo
donde
un pájaro de negro plumaje

20.

We are a dream within
our own dream.

The weeping of our
own water.

Tremors that
tear
the tallest
peaks.

Golden twilight
in a labyrinth
of emotion.

Fury of fire
imbibed by
time.

Murmurs amidst
the streets of
nonexistent cities.
We are nocturnal sky
in an open countryside
without stars.

We were tragedy
read in the seashells
strewn upon
the table.

One by one they fell
to the floor
where

las recogió con
su pico de obsidiana.

Las llevó hasta su nido
donde renacieron
como aves rojas.

Extendieron sus plumas
bermejas y volaron
al sol del amanecer.

Mancharon los rayos
para la eternidad.

a black-feathered bird
gathered them with
its obsidian beak.

It brought them to its nest
where they were reborn
as red birds.

They extended their auburn wings
and flew
toward the morning sun.

They stained the rays of light
for all eternity.

21.

Ave oscura:
provocas con
tu vuelo alto.

Te perchas
en las ramas secas
donde solía
florecer el corazón.

Donde se abría
y retoñaba mil veces.

Pétalos en las arterias,
las que alimentaban
el verbo.

Las ramas hasta
las centelleantes
estrellas conectadas
por la sangre.

Llevamos poesía
en las venas
como el ícor
de los dioses
de lejanas tierras.

Los dioses de plumas
de quetzal y jade
han dormido con
el aliento del tiempo.

Entre ámbares
descubrimos

21.

Dark bird:
your soaring flight
is a provocation.

You perch
on the dry branches
where my heart
used to bloom.

Where it would open
and sprout over and over again.

Petals in my arteries
that nourished
the word.

The branches that reached
the sparkling
stars connected
by blood.

We carry poetry
in our veins
like the ichor
of the gods
from faraway lands.

The gods of quetzal feathers
and jade
have slept with
the breath of time.

Amidst amber
we discovered

líneas de tela
blanca prolongada
por la fragilidad
del espíritu.

strands of white cloth
prolonged
by the fragility
of the spirit.

22.

Lo di todo.
Lo escribí todo.
Conjuré a los dioses viejos.

Prendí el fuego de la carne
y el aliento de la montaña
inundó la mirada.

Impávida, temerosa
acerqué mi cálida
ofrenda a los divinos.

Ehécatl respondió con viento.
Sonora sentencia entre
los troncos huecos del
bosque de niebla.

La serpiente de humo
retornó a las
calles empedradas.

Culebra nacarada,
ya mis ojos se hacen
uno con los tuyos.

Las pupilas se alargan.

Siseo la palabra.
Siseo el divino aliento.

22.

I gave everything.
I wrote everything.
I conjured the ancient gods.

I ignited the fire of the flesh.
The breath of the mountain
flooded my gaze.

Undaunted, fearful,
I approached the gods,
my heartfelt offering in hand.

Ehécatl responded with the wind.
Resounding edict among
the hollow tree trunks in
the forest of fog.

The serpent of smoke
returned to the
cobblestone streets.

Nacre snake,
my eyes now become
one with yours.

My pupils elongate.

I hiss the word.
I hiss the divine breath.

23.

Canta, canta, indígena voz
e intégrate a este mundo
de animales metálicos.

En las torres se forjan
los sonidos de hierro.

Allá, en lo más alto,
se rompen los cristales.

Las palomas y cenzontles
vuelan al unísono entre
los rascacielos grises.

El smog compite contigo,
culebra nacarada.

No hay esperanza.
Sólo temores en el pecho.

23.

Sing, sing, indigenous voice
and assimilate into this world
of metallic animals.

In the towers the sounds
of iron are forged.

There, at the highest point,
windows are shattered.

Doves and mockingbirds
fly as one between
gray skyscrapers.

The smog competes with you,
nacre snake.

There is no hope,
only fear in our chests.

24.

Temblorosa es la mano
que escribe en otro lugar,
en otro tiempo.

Una página más se llena.
La tinta se acaba.

El silencio habla.
Trae noticias de
imágenes lejanas.

Ruido blanco,
ruido imaginario.

El presente es húmedo,
es torre de marfil
bañada de sangre.

Una sílaba suena en
el oído izquierdo.
El silencio entona
una canción de cuna.

Los martillos y
cortadoras eléctricas
no paran.

Desgarran la piel
de los templos viejos.

El polvo lleva la esencia
de lo que fue la estancia
donde los abuelos
componían el mundo

24.

Tremulous is the hand
that writes in another place,
at another time.

One more page is filled.
The ink runs dry.

The silence speaks.
It brings news of
distant images.

White noise,
imaginary noise.

The present is humid,
it is an ivory tower
bathed in blood.

A single syllable sounds in
my left ear.
The silence sings
a lullaby.

The hammers and
electric mowers
refuse to stop.

They tear the flesh
of ancient temples.

Dust carries the essence
of what once was the room
where our grandparents
composed the world

con una taza de té
en las manos.

Las carcajadas rítmicas
cobran vida,
se transforman
en opalescentes seres
del más allá.

Amor distante.
La energía se desvanece.
Un aroma ancestral llena
las infantiles fosas
nasales.

Se oye un lamento.

El silencio llama.

Frío en los talones:
mordedura helada
de la serpiente emplumada.

El trueno divino
se anuncia
con el crepúsculo.

with a cup of tea
in their hands.

Rhythmic laughter
comes to life,
it transforms
into an opalescent being
from the beyond.

Distant love.
The energy fades.
An ancestral aroma
fills
youthful nostrils.

A cry is heard.

The silence calls.

Coldness in our heels:
frozen bite
of the feathered serpent.

Divine thunder
is announced
with the dawn.

25.

Los ancestros de amaranto
se ofrecen a la noche larga,
nos cubre con su piel
sin estrellas.

Sangra la luna, llena
los poemas perdidos:
sílabas oscuras y
fonemas de azabache.

Los árboles petrificados
de los sueños renacen.

Sus raíces penetran
la psique y los ojos
se abren donde
se derrama luz de luna
para que
las orquídeas de vainilla abran.

Sueño que despierto,
sigo soñando
que respiro poesía.

Me alimento con versos
para satisfacer los más
profundos deseos.

Baño el cuerpo con
lluvia de verano y
lleno con flores
la ausencia.

Me lleva el viento.

25.

The ancestors of amaranth
offer themselves to the long night,
which covers us with its
starless skin.

The full moon bleeds
the lost poems:
dark syllables and
jet black phonemes.

Reborn are the petrified trees
of our dreams.

Their roots penetrate
our psyches and our eyes
open where
the moonlight spills
so that the vanilla orchids
can open.

I dream that I awaken,
and continue dreaming
that I breathe poetry.

I nourish myself with verses
to satisfy my
deepest desires.

I bathe my body with
summer rain and
fill the absence
with flowers.

The wind carries me.

Soy guiada a través
del camino de hogueras.

Brillan en la oscuridad
mientras los ríos
dan la bienvenida.

I am guided through
the trail of bonfires.

They shine in the darkness
while the rivers
give welcome.

26.

Hoy renaces, poesía,
con los pies cubiertos
de flores de albahaca.

Renaces limpia,
como tabula rasa.
Las manos no dejan
de dibujarte.

Las palabras como
guirnaldas de flores
se entrelazan
con las ideas que
vienen a ti.

26.

Poetry: today you are reborn,
your feet covered
in flowers of basil.

You are reborn pure
like a tabula rasa.
My hands cannot stop
drawing you.

The words, like
a wreath of flowers,
are woven together
with the ideas that
come to you.

27.

A lo lejos la montaña
más alta de esta
tierra ancestral.

Cubierta de nieve
recibe la noche.

Las estrellas lloran
al saberse separadas
de sus seres amados.

Sus lágrimas desbordan
los cauces de los ríos.

Los muertos se transforman
en rosas de nieve.

En las urdimbres los hilos
del tiempo se rompen.

Algunos sobreviven
el dolor prolongado,
se vuelven telas
con diseños incoloros.

La montaña eterniza
su belleza en las
páginas que se escriben.

La nieve no se derrite
al contacto con la piel.
Los labios se congelan
hasta desprenderse la lengua.

27.

In the distance,
the tallest mountain
of this ancestral land.

Covered in snow,
it welcomes the night.

The stars weep
upon discovering they're separated
from their loved ones.

Their tears overflow
the banks of the rivers.

The dead are transformed
into roses of snow.

Within the warp and weft,
the threads of time are torn.

Some survive
the prolonged pain,
they become fabric
with colorless designs.

The mountain eternalizes
its beauty in the
pages that are written.

The snow does not melt
upon touching skin.
Lips freeze
until tongues break off.

Han cesado los sonidos
del centro de la tierra.

Las lombrices emanan
a borbotones para llenar
los caminos a la montaña.
Las cuevas se inundan
y los ríos desaparecen.

The sounds from the center
of the earth have ceased.

The worms gush
forth to fill
the paths toward the mountain.
The caves flood
and the rivers disappear.

28.

Ya no hay huella lacustre.
Todo es un pantano en esta
jungla de enigmas.

Maraña de poemas,
de pétalos marcados
con sílabas.

Las flores denudan
sus corolas y bostezan
sueños incompletos.

El frío adormece las manos.

La pluma no para,
llena la nieve
de caracteres pretéritos.

La vida sigue a pesar
del gélido pensamiento.

28.

There is no longer a lacustrine footprint.
Everything is swamp in this
jungle of enigmas.

A morass of poems,
of petals marked
with syllables.

The flowers denude
their petals and yawn
incomplete dreams.

The cold numbs my hands.

The quill does not quit;
it fills the snow
with characters of yore.

Life goes on despite
these frigid thoughts.

29.

Uno a uno los niños
mueren en soledad.

Las tiernas voces
se ahogan en llanto.

Los ojos se cierran.

¿Cuáles fueron sus nombres?
¿Quiénes eran sus padres?

Se escribe en cielo oscuro
con la ayuda de las
estrellas fugaces.

Luna roja: sé testigo
de esta tragedia.

Aves nocturnas:
despierten del sueño
y arrecien el vuelo.

Dejen de planear
con el viento.

Agiten sus alas,
dominen el cielo,
esparzan las nuevas.

29.

One by one the children
die alone.

Their tender voices are
drowned by tears.

Their eyes close.

What were their names?
Who were their parents?

It is written on dark skies
with the help
of shooting stars.

Red moon: bear witness
to this tragedy.

Nocturnal birds:
wake from your slumber
and strengthen your flight.

Stop gliding
with the wind.

Flap your wings,
dominate the skies,
spread the news.

30.

Quise volver al origen,
donde el ojo de ballena
vigilaba los movimientos
marinos y se acercaba
a la sangre hecha piedra.

El vaivén de las olas que
chocaba contra el acantilado
nos hacía pensar en otras vidas
donde los desiertos cambiaban
su forma de acuerdo al viento
y los amores volaban por el aire.

Se desgastaban hasta hacerse polvo.

Viejo y sabio mar,
fuiste promesa de agua,
de júbilo y canto de sirenas en celo.
De tritones sin caballos
que arreciaran las olas.

Te secaste para volverte arena.

30.

I tried to return to my origins,
where the eye of the whale
was watching marine movements
and approached
the blood become stone.

The swaying of the waves that
crashed against the cliffs
made us think of other lives
where the deserts changed
their shape in accordance with the wind
and love flew through the air.

They wore themselves down to dust.

Wise and ancient sea,
you were the promise of water,
of joy and the song of a siren in heat.
Of tritons without horses
that would strengthen the waves.

You dried off to become sand.

31.

Los alacranes levantaron
sus colas y cortaron los dedos
de las manos que se sembraron
para volverse árboles de sombra.

Gotea de los senos la leche
para calmar la sed
del desierto.

Se vuelve opalescente laguna
que brilla con la luna llena.

Amanece en el desierto,
la arena quema
los sentimientos.

31.

The scorpions raised
their tails and cut the fingers
from the hands that sowed themselves
to become shade trees.

Milk drips from breasts
to quench the
desert thirst.

It becomes an opalescent pond
that shines with the full moon.

Day breaks on the desert,
the sand burns
all emotion.

32.

Los árboles de sombra
cobran fuerza,
las raíces se vuelven fuego.

Nunca fuimos parte
de la geografía del viento.
Sus mapas borraron
nuestras líneas.

Se desvanecieron con
las dunas cambiantes
de este desierto de
olvido y tristeza.

Se funde el silencio
con los abrasantes
latidos matutinos.

La soledad se impone:
fiel compañera.

En la memoria,
las campanadas de bronce
convocan la infancia
adolorida.

32.

The shade trees
gather strength,
their roots turn to fire.

We were never part
of the wind's geography.
Its maps erased
our lines.

They vanished with
the unpredictable dunes
in this desert of
oblivion and sadness.

The silence fuses
with the scorching
heartbeats of the morning.

Solitude is imposed:
faithful companion.

The memory of
bronze bells ringing
invokes a childhood
of pain.

33.

Las aves se posan
en el árbol de sombras,
no trinan.

Extienden su plumaje
para abrirse camino
esta mañana carmín.

El amor se olvidó de mí,
escucho decir
a las almas en pena.

Cuando fui tuya,
la frialdad llenó tu mirada.

Cuando te tuve en mi vientre,
te arrancaron de mí.

Caminaron las líneas
que se les impusieron
como obstáculos
pero nunca hubo
un final feliz
que sanara
las heridas.

El viento murmura
sensuales palabras
en el desierto.

Es viento del sur.

Se escriben las letras
en los acantilados.

33.

Birds perch
on the shade tree
without chirping.

They extend their plumage
to take flight
on this crimson morning.

Love has forgotten me,
I hear
the lost souls say.

When I was yours,
coldness filled your gaze.

When I carried you in my womb,
they tore you from me.

They walked the lines
imposed on them
like obstacles,
but there was never
a happy ending
to heal
their wounds.

The wind whispers
sensual words
in the desert.

It is wind from the south.

The words are written
on the cliffs.

Se erosiona la piedra.

Cincela con la fuerza
del corazón.

Todo se borra,
se transforma
en arena blanca.

It erodes the rock.

It chisels with the strength
of the heart.

Everything is erased,
transforming
into white sand.

34.

Impenetrable secreto,
muere en soledad.

¡Agoniza con la exigua lluvia!

Yerma superficie receptora
de las horas perdidas.

Se acerca la lumbre azul
con su sonoro crepitar.

Se escucha el aletear
de las aves que
le huyen al fuego.

No encuentran seguridad:
desbocado vuelo.

El mar es el camino restante.

Las estrepitosas olas se hacen
una con el aletear descontrolado.

34.

Impenetrable secret,
solitary end of life.

Death approaches with the meager rain!

Barren surface, receiver
of lost time.

The blue flames with their profound crackling
draw near.

One can hear the wingbeats
of the birds
fleeing the fire.

They find no refuge:
unbridled flight.

The sea is the only remaining path.

The deafening waves become
one with the uncontrolled wingbeats.

35.

Naufragio de plumas:
mueren con el agua,
no con el fuego.

Un insecto escapa del caos.
Seis patas escalan la porosa roca.
Un cangrejo abre su boca
desde la oscuridad pétrea.

La muerte alcanza sin piedad
no fue fuego, fue agua.

Una tierna y desgarradora
voz se lamenta.
El mar y las columnas
de algas doradas
la llevan enredada.

Su cabello flota al ritmo
de las corrientes submarinas
y la luz del fondo del mar
la ilumina.

35.

Shipwreck of feathers:
they die with the water,
not with the fire.

An insect escapes the chaos.
Six legs scale the porous rock.
A crab opens its mouth
from the rock-filled darkness.

Death arrives mercilessly.
It wasn't fire, it was water.

A tender and heartbreaking
voice laments.
The sea and the columns
of golden algae
wrap around her.

Her hair floats to the rhythm
of the underwater currents
and the light from the depths of the sea
shines upon her.

36.

La ciudad se vislumbra
tierra adentro,
una niña se lamenta,
no deja de llorar.

Luz de oro como eléctrica melodía
recorre de manera intermitente
el contorno de la ciudad.

Otras voces buscan
a los desaparecidos
por años, por meses,
por horas, por minutos,
por segundos.

36.

An inland city
comes into view,
a little girl is distraught,
she does not stop weeping.

Golden light, an electric melody,
traverses the outline of the city
intermittently.

Other voices seek
those who are disappeared
for years, for months,
for hours, for minutes,
for seconds.

37.

La angustia es
una eterna espiral
que renace de la tierra.

A las fosas clandestinas
las ha delatado la lluvia.
Cementerio de tristeza,
de restos sin identificar.

La luna los cubre
con luz milenaria
y un canto profundo
cala los huesos.

Vibran con la melodía lunar.

37.

Anguish is
an eternal spiral
that is reborn from the earth.

The rain has revealed
the clandestine graves.
Cemetery of sadness,
of unidentified remains.

The moon covers them
with millennial light
and a profound song
seeps into their bones.

They vibrate with the lunar melody.

38.

Por un instante cobran
vida para abrazar,
desde el más allá,
a sus seres queridos.

El llanto cesa,
llevan gotas de oro
en la ausencia.

Un pueblo gime el dolor
de la despedida.

Ulula el viento sobre
el manto marino:
cálido abrazo,
suave caricia.

38.

For a moment they come
to life to embrace
their loved ones
from the beyond.

The weeping ceases,
they carry drops of gold
within the absence.

The people cry out with the pain
of the farewell.

The wind wails over
the marine mantle:
warm embrace,
gentle caress.

39.

La lengua del viento se extiende,
prueba el néctar de las florecillas
que junto al manantial nacen.

Lleva el aroma de los desaparecidos
que se impregna en los tiernos pétalos.

Teñidos de recuerdos
ensombrecidos hacen
que las flores cambien de color.

Crecen los pétalos
hasta desprenderse.

Al tocar el suelo
se vuelven semillas.

39.

The tongue of the wind reaches out,
tasting the nectar of the flowers
that are born alongside the natural spring.

It carries the scent of the disappeared
which coats the delicate petals.

Tinged in somber memories,
they make the flowers
change their colors.

The petals grow
until they fall free.

Upon touching the ground,
they become seeds.

40.

Una araña en forma de flor
corre para esconderse
mientras las sirenas del
viento aumentan sus quejidos.

Un fuerte aleteo sorprende,
jura amor eterno.

Vuelve y desaparece
una y otra vez,
cual colibrí montado
en el cálido viento.

40.

A spider disguised as a flower
runs to hide
while the sirens of
the wind amplify their howling.

A strong wingbeat surprises,
it vows eternal love.

It returns and disappears
over and over again,
like a hummingbird riding
upon the welcoming wind.

41.

El barlovento emerge
desde el corazón,
expulsa su aliento
de hierbas y agua de mar.

Por un instante,
somos el centro del universo.

41.

The windward side emerges
from the heart,
expelling its breath
of herbs and seawater.

For a single moment,
we are the center of the universe.

42.

Un puente colgante
se mece en la tormenta.

Somos viento.

Un árbol sin hojas y
dos flores rosadas están
a la merced de la lluvia.

Somos sílabas de aire y
aliento de agua que
baja de la montaña.

Verde oscuro,
verde naciente,
amarillo verde
y música entre
las ramas secas.

42.

A suspension bridge
sways in the storm.

We are wind.

A leafless tree and
two pink flowers are
at the mercy of the rain.

We are syllables of air and
breath of water that
descends from the mountain.

Dark green,
nascent green,
yellow green,
and music amidst
the dry branches.

43.

Densa bruma cubre
las montañas lejanas.

Exhalamos recuerdos
para dispersarla
hasta que el eco
nos recuerda que
se acerca el fragor
de las olas.

Intenso repiqueteo lleva
la mañana saturada de nácar.

El aliento marino se derrama
en este bosque donde nuestros
muertos deambulan.

La densidad nos engaña.

Crea imágenes de felicidad
pura y nos damos cuenta
que son sólo espejismos.
La música se transforma
en gritos de rabia
hasta disipar la niebla.

43.

A dense haze envelops
the distant mountains.

We exhale memories
to disperse it
until the echo
reminds us that
the clamor of
the waves draws near.

The morning saturated in nacre
carries an intense rhythm.

The marine breath spills
in this forest where our
dead wander.

Density deceives us.

It creates images of pure happiness,
and we realize
they are only a mirage.
The music transforms
into screams of rage
until it disperses the fog.

44.

La niñez perdida y la angustia
corren entre los árboles
para escapar por las
vías que conducen
a otra realidad.

Perseguidas por los perros
sueltos en este bosque
de niebla, el sol se filtra
para evaporar las pesadillas.

Tu cuerpecito en un ataúd,
pequeña niña.

Con tan sólo siete años
cruzaste fronteras,
niña maya.

Tus ojos cerrados llevan
las flores sagradas.

Tus manitas ya no piden maíz.

Nadie escuchó tu llanto.

Nadie sació tu sed.

44.

The lost childhood and anguish
run amidst the trees
to escape along the
paths that lead
to another reality.

Pursued by dogs
let loose in this forest
of fog, the sun filters through
to evaporate the nightmares.

Your small body in a coffin,
little girl.

You crossed borders,
Mayan girl,
at only seven years of age.

Your closed eyes carry
the sacred flowers.

Your tiny hands no longer ask for maize.

No one heard your cries.

No one satisfied your thirst.

45.

Soñaste con campos abiertos
y el calor de un hogar
en las montañas de niebla.

Brazos tejidos te esperan
para envolverte de felicidad.

Vas llena de poesía, niña maya.
Tu huipil bordado de mariposas azules.
Tus manitas quietas cargadas de dorados recuerdos.
Tus ojitos cerrados todavía tienen frío.

Flor y canto eres, niña hermosa.

En estas páginas
una mariposa
con alas de seda
no deja de revolotear.

45.

You dreamt of open fields
and the warmth of a home
in the mountains of fog.

Woven arms await
to envelop you in happiness.

You depart full of poetry, Mayan girl.
Your huipil embroidered with blue butterflies.
Your motionless hands loaded with golden memories.
Your closed eyes still cold.

You are flower and song, beautiful girl.

In these pages,
a butterfly
with silk wings
continues to flutter about.

Acknowledgments

Some of this work has been previously published in the following media.

Poems "6", "7", "12" and "13" in *Revista Literaria Monolito.*

Poems "1" and "2" in *La Bloga.*

Xánath Caraza es viajera, educadora, poeta, narradora y traductora. Escribe para *La Bloga, Revista Literaria Monolito y Seattle Escribe*. En 2021 *Corta la piel / It Pierces the Skin* recibió medalla de Bronce para el Juan Felipe Herrera Best Boo of Poetry Award. En 2020 *Balamkú* recibió segundo lugar para el Juan Felipe Herrera Best Poetry Book Award. En 2019 recibió Segundo lugar por su poemario *Hudson* como "Mejor libro de poesía en español" y Segundo lugar por su colección de relatos, *Metztli*, como "Mejor colección de cuento" para los International Latino Book Awards. En 2018 fue doblemente galardonada por los International Latino Book Awards, recibió primer lugar por *Lágrima roja* y *Sin preámbulos/Without Preamble* como "Mejor libro de poesía en español" y "Mejor libro de poesía bilingüe". *Sílabas de viento* recibió el 2015 International Book Award for Poetry. Fue *Writer-in-Residence* de Westchester Community College, Nueva York, 2016-2019. En 2014 recibió la Beca Nebrija para Creadores del Instituto Franklin, Universidad de Alcalá de Henares en España. En 2013 fue nombrada número uno de los diez mejores autores latinos para leer por LatinoStories.com. Sus poemarios *Donde la luz es violeta, Tinta negra / Black Ink, Ocelocíhuatl, Conjuro* y su colección de relato *Lo que trae la marea* han recibido reconocimientos nacionales e internacionales. Sus otros poemarios son *Fără preambul, Μαύρη μελάνη, Le sillabe del vento, Noche de colibríes* y *Corazón pintado*. Ha sido traducida al inglés, italiano, rumano y griego; ha sido parcialmente traducida al náhuatl, portugués, hindi y turco.

Xánath Caraza is a traveler, educator, poet, short story writer, and translator. She writes for *La Bloga, Revista Literaria Monolito,* and *Seattle Escribe*. In 2021 *It Pierces the Skin* received Bronze Medal for the Juan Felipe Herrera Best Book of Poetry. In 2020 *Balamkú* received second place for the Juan Felipe Herrera Best Book of Poetry Award. In 2019 for the International Latino Book Awards she received Second Place for *Hudson* for "Best Book of Poetry in Spanish" and Second Place for *Metztli* for Best Short Story Collection. In 2018 for the International Latino Book Awards she received First Place for *Lágrima* roja for "Best Book of Poetry in Spanish by One Author" and First Place for *Sin preámbulos / Without Preamble* for "Best Book of Bilingual Poetry". Her book of poetry *Syllables* *of Wind* / *Sílabas de viento* received the 2015 International Book Award for Poetry. She was Writer-in-Residence at Westchester Community College, NY, 2016-2019. Caraza was the recipient of the 2014 Beca Nebrija para Creadores, Universidad de Alcalá de Henares in Spain. She was named number one of the 2013 Top Ten Latino Authors by LatinoStories.com. Her books of verse *Where the Light is Violet, Black Ink, Ocelocíhuatl, Conjuro* and her book of short fiction *What the Tide Brings* have won national and international recognition. Her other books of poetry are *Fără preambul, Μαύρη μελάνη, Le sillabe del vento, Noche de colibríes,* and *Corazón pintado.* Caraza has been translated into English, Italian, Romanian, and Greek; and partially translated into Nahuatl, Portuguese, Hindi, and Turkish.